Alois Epple

Wenn man mich fraugt,
…

Gedichte und Aphorismen in schwäbischem Dialekt

Bibliografische Information der Deutschen Nationalbibliothek:
Die Deutsche Nationalbibliothek verzeichnet diese Publikation in der Deutschen Nationalbibliographie; detaillierte bibliografische Daten sind im Internet über http://dnb.de abrufbar.

© 2023 Alois Epple
Herstellung und Verlag:
BoD – Books On Demand, Norderstedt
ISBN: 9783758320781

Vorwort

Es war 1976. Ich hatte einige Freunde in mein neun-Quadrameter-Zimmer in einem Münchner Studentenheim eingeladen, darunter auch Peter Bradatsch[1]. Er hatte seinen ersten Gedichtband veröffentlicht und las uns daraus vor. Dann gab er mir sein Gedichtbüchlein mit der Widmung: *Meinem allerersten Fan und Freund Alois, Juni 76, Peter Bradatsch.* Ich war von Peters Gedichten begeistert und ein wenig dachte ich mir: Vielleicht soll ich es auch einmal probieren mit dem Dichten.

---

[1] Der Autor Peter Bradatsch, 1950 in Berchtesgaden geboren, lebt in München. Er studierte in München Kommunikations- und Theaterwissenschaft sowie Politik. Von 1977 bis 1990 war er als Produzent bei der Bavaria-Film für Programme der unterschiedlichsten Genres verantwortlich. Bradatsch verfasste u.a. die Drehbücher zu 24 „Krimistunden" der ARD und eigenen Geschichten, die unter dem Titel „Waschen - Schneiden – Umlege" erschienen sind. Seit 1990 ist Peter Bradatsch freier Autor, schrieb „Franzi", 43 Folgen für „Café Meineid" und war Co-Autor der Drehbücher für die BR-Serie „München 7" von Franz Xaver Bogner. Daneben entstanden die Theaterstücke „Dreckats Gschirr" (nach „Dirty Dishes" von Nick Whitby) für das Münchner Volkstheater, „Der Hoffnungsträger" (Städt. Bühnen Augsburg) sowie „Von Katzen träumen".

Ein knappes Jahr später saß ich allein zu Hause. Meine Mutter und meine Schwester waren in der Arbeit und ich hatte Semesterferien und keine Lust, zu studieren. So kam mir der Gedanke, es mit dem Dichten doch einmal zu probieren. In einer knappen Stunde hatte ich mein erstes Gedicht fertig: „Die Freude ein Schwabe zu sein". Da meine Schrift schlecht lesbar und vieles im Text überschrieben und durchgestrichen war, wollte ich es abtippen. Ich hatte zwar eine Schreibmaschine, aber die hatte kein Farbband. So kam mir der Einfall, zwei Blätter mit einem Kohlepapier dazwischen in die Maschine zu spannen und zu tippen. Bald war das Gedicht getippt und auf dem Durchschlag auch lesbar. Ich schickte es an den BR, Bayerisch Herz, Ausgabe Schwaben. Nach vier Tagen, am 21. April 1977, erhielt ich von Robert Naegele[2] folgende Zeilen: *Lieber Herr Epple, Ihr Gedicht gefällt mir. Ich werde versuchen es*

---

[2] Robert Naegele wurde 1925 in Nattenhausen geboren. Nach Lehre, Soldat, Gefangenschaft, Lehre nahm er Schauspielunterricht. Von 1950 bis 1973 trat er an Bühnen in ganz Deutschland auf. Er wirkte in über 250 Fernsehproduktionen und bei Kinofilmen mit. Er ist ver Verfasser von acht Schwabenbüchern, von Theaterstücken und Hörspielen. Naegele starb 2016 in München.

in einer der nächsten Bairisch Herz – Ausgaben Schwaben Sendungen unterzubringen. *(21.6. oder 18.9.)* So ermutigt begann ich weitere Gedichte zu schreiben. Bald schon konnte ich meine Gedichte im Selbstverlag veröffentlichen. Brief von Peter Bradatsch am 21. März 1978: *Lieber Alois, leider – ich hoffe, Du entschuldigst mich – komme ich erst heute dazu, Dir ganz, ganz herzlich für Deine Gedichte zu danken. Sie gefallen mir außerordentlich gut, und schon allein die Tatsache, so etwas Schönes aus Türkheim zugesandt zu bekomme, hätte mich sehr gefreut. Daß ich mich dann auch noch in Deinem Vorwort entdecke ... Ich kann mich nur recht sakkrisch bei Dir bedanken und hoffe (und wünsche Dir), daß der ersten Sammlung bald eine ebenso gelungene zweite folgen möge! Aber es wird Dir sicherlich gelingen, eine Muse zu finden, die Dir den inspirierenden Kuß auf die zerfurchte Stirn drückt. Herzliche Grüße aus München und ein schönes Osterfest Peter Bradatsch.*

Angeregt von Peter schrieb ich Ende Herbst Weihnachtsgedichte und schickte diese wieder an den BR. Robert Naegele war wieder sehr angetan und versprach mir, sie beim BR unterzubringen. Ich bekam folgende Zeilen: *Lieber Herr Epple, Dank für Brief und Gratulation zu Weib und Kind! –*

Wenn Sie Neues- Altes festio, haben, vermittle ich ein Gespräch mit Frau Dr. Lehner, sehr musisch neue Leiterin des Schwabenspiegels – Am Samstag lese ich Ihre D'Hita auf'm Feld. beim Schwäbischen Adventsingen Kongreßhalle Augsburg, 15.00 und 20.00 Uhr. Sie wissen, daß ich Ihre Sachen mag. […] Gutes schönes für Sie und Ihre Familie Ihr Robert Naegele

Allerdings konnte selbst er sich gegen das Establishment im „Schwabenspiegel", wie Franz R. Miller, nicht durchsetzen. Da begriff ich, dass es mit dem Dichten nicht getan ist, man muss auch Beziehungen haben bzw. aufbauen. Hierzu hatte ich weder Zeit noch Lust. Ich hörte vorerst auf, Gedicht zu schreiben.

Als ich schon in Rente war, wurde ich wieder als Versleschreiber gefragt. Ich hielt damals monatlich im „Bäuerle" in Türkheim einen „Hoigada" und zur Faschingszeit sollte der lustig werden. Also schrieb ich einige Späße und Witze auf schwäbisch auf, um sie dort vorzutragen. Bei Spaziergängen mit meinem Hündlein überlegte ich mir witzige Reime und sobald ich daheim war wurden sie notiert.

Vor ungefähr zwei Jahren rief mich Lothar Bidmon aus Weißenhorn an und sagte, dass er an einer Gedicht-Anthologie zu Bayerisch-Schwaben arbeitet und ob ich

8

etwas dazu beitragen will. Also kramte ich in meiner Unordnung einige Gedichte heraus. Und vor einigen Monaten kam ein Anruf von Rosemarie Mair: Sie arbeitet am Literaturportal Bayern und will wissen, ob es in Türkheim Dichter gibt. Beide Telephonate brachten mich auf die Idee, wenigstens meine Gedichte in einem Büchlein zusammen zu stellen.

Zum Schluss noch ein Hinweis: Ich bin es leid, mein „Manuskript" wieder und immer wieder zu lesen und dabei immer wieder Fehler zu finden. Einen Lektor aber kann ich mir nicht leisten und ein solcher wäre wohl für schwäbische Gedichte auch schwer zu finden. Also wird der Leser dieses Büchleins wohl mit einigen (Tipp-)Fehlern leben müssen.

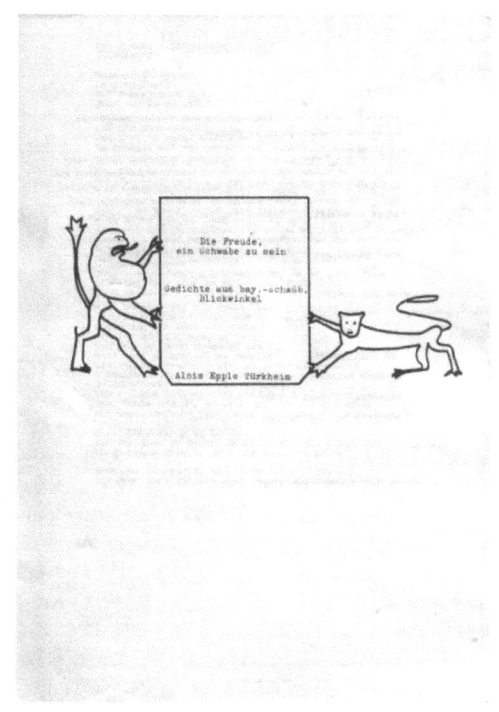

Das erste Gedichtbändchen von Alois Epple,
Türkheim 1978

Die Freude, ein Schwabe zu sein[3]

(1. Fassung)

Wenn ma mi fraugt,
ob i mi frai,
daß i a Schwaub ben,
dann sag i: „ja mei:-

---

[3] Am 21. April 1977 erhielt ich folgende Zeilen: *Lieber Herr Epple, Ihr Gedicht gefällt mir. Ich werde versuchen es in einer der nächsten Bairisch Herz – Ausgaben Schwaben Sendungen unterzubringen. (21.6. oder 18.9.) Was sind Sie von Beruf? Bitte ein paar Daten. Und wenn'r wieder so ebbes Nett's hant, nau schickat's bittschöa an mei Adress. Schöne Grüass Robert Naegele.* Am 1. Juni 1977 folgte dann ein weiteres Schreiben: *Lieber Herr Epple, Dank für dia nuie Sächla. Sie werden gerade beim BR registriert. „Die Freude, ein Schwabe zu sein" haben wir für die „Bairisch-Herz-Ausgabe Schwaben" Sendung aufgenommen. 26.6., 17.15 bis 18.00 Uhr Scheana Gruaß Ihr Robert Naegele.* Am 26.5.77 schickte mir der BR einen Check über 150.- DM für Senderechte und am 24. Juni 1977 erhielt ich von Wolfgang Johannes Bekh vom BR noch folendes Schreiben: *Sehr geehrter Herr Epple, Ihre Gedichte haben eine gute Beurteilung gefunden. Mit Ihrem Einverständnis behalten wir sie zur gelegentlichen Entnahme für unser schwäbisches „Bairisch Herz" unverbindlich ein. Das Gedicht „Die Freude ein Schwabe zu sein"ist bereits für die Sendung im Juni 1977 aufgenommen worden. Mit freundlichen Grüßen Wolfgang Johananes Bekh.*
Erstveröffentlicht in: Alois Epple:Die Freude ein Schwabe zu sein – Gedichte aus bay.-schwäb. Blickwinkel, Türkheim 1978, S. 3, auch gedruckt in: Alois Epple und Ludwig Seitz (Hg.): Türkheimer Anthologie, Norderstedt 2016, S. 49

friaher war mer des gar id rechd,
mid dem saudomma Dialekt
hau i mi id rechd ausdrucka kenna,
em Aufsatz auf dia hochdeidsch Schbrauch
miassa bsenna.

Id so orginell sei kenna, wia eisra bairischa
Nachbaura,
dia kenned bloß blattla, jodla, saufa ond
haura;
koi Politikr id wera kenna, koi Soldat aus
Eisa,
wia d'Berlinr, d'Hamburgr, d'Hessa – halt
d'Breisa,
zur Amore nix dauga wia d'Italienr,
nix vo der Musik vrstau, wia bsonders
d'Weanr,
koin Harem mit em Haufa Weibr id hau,
id amaul des tschentlmenlaik vo da
Engländr däd mr stau,
koi „wey" of laif wia d'Amerikaner,
koin freia Sex wia d'Schweda hammr,
ond id amaul en Stierkampf, wia d'Spanier!"

Doch –wenn, weil i a Schwaub be, ma mi
ärgra duad,
ond i be dann grad so richdig en Wuad,
dann kommt mr's, wia schea's isch als
Schwaub zom leaba:

viel schweanr als als Breis oder d'Schweda.

13

Isch oi Weib scha gnua, was soll i mid mehr,
hosch mid der scha koi Ruah,
weaschd id der scha id kräa.
Ond wia Amore anstrengend sei kaa,
weiß iazd allmählich au jedr Ma.
Dia täglich Sauferei duad dr Leabr id guad,
au a englischer Tschentlmen kommt
manchmaul en Wuat.
Dr Stierkampf isch a Tierquälerei
ond a bißla Zivilisation soll bei eis doch no
sei.
Der „Weaer Bluad", wo ma so glückselig sei
muaß,
vom amerikanischa „wey" haut dia ganz
Welt scha bald gnua.

Vielleichd ham'r au id viel Kultur,
als wia grad da Hegel, da Schiller, dia miasd
jedr ja kenna,
en Fuggr, n Brecht, om a bar blos zom
nenna!

Weam des id reichd, dau ischs allweil
vrloara,
für dean freilig isch guad, daß'r koi
Schwaub isch gwora.

Politischer Hoigada[4]

En dr Stuba, neabrm Ofa, sized zwei so alda
Ma,
schnupfed, huschded, raunzed, drialed ond
sinired vor si na,
auf oimaul fangd ma s reda a:
Dr easch sed „hoi",
dr zwei sed „aha",
„Hm?" sed dr oi,
dr andr „"ha?"
„M-m" dr Ältr bedächtig nickd,
„Ja-ja", dr Jengr mid engstlichem Blick.
Dau schreit plötzlich dr oi ganz laut „oho!"
dr andr gibd scharf naus mid m a „so-so".
Dann sed dr easchd mea vrleaga „aha"
ond dr zweid langsam endgegned „na-na!"
Dr oi Ma sed „hoi",

---

[4] Das Gedicht basiert auf der Überlegung: Wie
begannen die Menschen zu reden? Erstmals wurde das
Gedicht veröffentlicht in Alois Epple: Die Freude ein
Schwabe zu sein – Gedichte aus bay.-schwäb.
Blickwinkel, Türkheim 1978, S.16. Dann wurde es im
BR gesendet. Dafür bekam ich am 25. Juni 1978 150.-
DM vom BR. Am 18. März 1983 erhielt ich die
Korrekturfahne dieses Gedichtes, welches in das Buch
„So schwätzet mir" beim Allgäuer Zeitungverlag
aufgenommen wurde. Zweitauflage 1988. Es wurde
auch abgedruckt in der Mindelheimer Zeitung vom
9.6.1983 und in: Alois Epple und Ludwig Seitz (Hg.):
Türkheimer Anthologie, Norderstedt 2016, S. 48

dr ald Ma sed „"ha?",
der Jengs „i moi"
dr andr „a –a".

Dau wead auf oimaul d'Fella aufgrissa,
s'Weib steckd da Grend rom ond moid ganz
vrbissa:
„A Rua isch iazd, des sag i ui fei,
heared endlich auf mit der bluads
Politisierarei!"

Resignation[5]

Am liabschda wär i halt alloi –
ond ben i's dann, dann wüll i's id.
Wia schea wär's, wenn i wär dauhoi,
doch d'Langweil nemmd mi dau so mit.

A Weib muaß her, s'ka gau wia's wüll,
doch mit dr Ruah dau isch's dann aus.

Ja, s'Leaba isch halt alled schwer,
drom ben i stüll –
ond gang dau naus.

---

[5] Erstveröffentlicht in: Alois Epple:Die Freude ein
Schwabe zu sein – Gedichte aus bay.-schwäb.
Blickwinkel, Türkheim 1978, S. 6

Abschied von der Fremde[6]

Jeds Jaur, so Afang bis Midde Auguschd,
dau fahr i mit meim Auto fud.

Weil mi d'Ausländr endressiera
ka sa i drbei au glei studiera
ond mi dahoi dann profiliera.

Doch solche Ferien send moische a Graus,
ausm schempfa kommschd dau nemma
raus:

Ländr, wos no koin Schweinsbrauda geid[7]
ond des en eisrer heidiga Zeit!
Dass sie dia iazd gar id abasse kenned,
ond auf eis koi bissala Rücksicht nemma?

En was fir Heisr, en was fir Baracka
dia ofd wohned – i also, i kend so ebbes scha
gar id backa.
Zwar ischs oft kommod, doch des sed nix
aus,
wenn sa id amaul vermeged en odeles Haus.

---

[6] Erstveröffentlicht in: Alois Epple:Die Freude ein
Schwabe zu sein – Gedichte aus bay.-schwäb.
Blickwinkel, Türkheim 1978, S. 9
[7] Ich kenna einen Mann, der im Ausland nur Schnitzel
mit Pommes bestellt.

Dann dia Preise – ma moit id, dass so ebbas
geid –
dia send faschd so hoach als wia oft bei eis.
Wenn man zua deana scha en Urlaub fährt,
dann solled sa au learna, was sie so ghert.

Flackschd amaul am Strand bei ra elendiga
Hitza,
die Arbeidr, deana zualuaschd, kommed dai
gar id zom schwitza?
Dia hand anscheinend no nia nix vom
arbeda ghert,
iazd dau wird's Zeit, daßdia werad belehrt.
Ond dann send dia Leid dau oft no so
domm,
- i nemmana des zwar gar id so kromm -
ma dät gar id moina, dass so ebbes geid,
dau laded zu sich ei oft wildfremda Leit.
Weil i dau au oft drzua hau ghert,
isch des ebbas, was mi am wenigschda stert.

En oim Land – des war no's allermenschd –
dau hand d'Leid id amaul a gscheids Wäddr
kennt,
drom:
Jed's Jaur ärgra ibr so wenig Zivilisation?
I moi alled, s'nächst Jaur bleib i dauhoim.

Holderstrauch[8]

Dr oi der heired weagm Geld,
dr andr faschd aus laudr Lieab,
der drid, weil r was auf sich hält,
dr viert, weil r s alloisei isch miad,
beim fönfda isch des halt so Brauch
dr sechd haus scha –ondrem Holdrschrauch
drom muaß r iazd,

mir duad r laid
– obwohl –
dia andra wared au id gscheid.

---

[8] Angeregt wurde ich zu diesem Titel durch das wunderschöne Lied „Im Holderstrauch" vom Carl Römer bzw. aus Franken, welches ich im Türkheimer Männergesangsverein Ende der 1960er Jahre so gerne sang. Dieses Gedicht wurde im BR gesendet und ich bekam dafür 129.- DM. Schriftliche Erstveröffentlichung in Alois Epple:Die Freude ein Schwabe zu sein – Gedichte aus bay.-schwäb. Blickwinkel, Türkheim 1978, S. 10. Auch veröffentlicht in Lothar Bidmon (Hg.): Butzagägaler – Mundartlyrik in Bayerisch-Schwaben, Regensburg 2023, S. 394

Aus laudr Liab[9]

Ja, du bischd mei Herzensbangger,
mei hau i di liab.
Nach ma Schmäzla vo Dir blangd mr s,
id gnua i vo Dir kriag.
I ked di glei ens Fiedla zwicka,
des wär mei gräschda Fraid,
dia scheaschda Word liasd i vrlickra,
ja – dia Liab däd gau so weid,
dass i mechd nemmr lengr leaba,
ohne di ischd alles aus,
em Goethe denna isch zom leasa:
ohne dich z'leaba isch a Graus.

Doch dann haudsa gsed,
d'Schbrauch däd sa id mega,
ond des war zviel.

[9] Erstveröffentlichung in: Alois Epple:Die Freude ein Schwabe zu sein – Gedichte aus bay.-schwäb. Blickwinkel, Türkheim 1978, S. 12

Psychologie[10]

Beim Dokdr war i vor a bar Däg,
der hod mr s gsed, was i als häb:
Gegen Durchfall hau i gmoit, soll r mr ebbas
gea,
doch der hot dia Sach ganz andrsch gsea.

„Om dean Durchfall ganz zom nemma,
miasd ma zeasch dia Ursach kenna:
des ganz hängt wahrscheinlich mit dr
Kendheit zema,
drom miasd ma des entsprechend ernschd
au nemma.
Als easchd s ghert amaul d'Schizofronie
kurierd,
dann mias ma bedenka, dass i sei
fruschdrierd,
s näxmaul solld ma dann mein Ödipus
vrdränge,
auf a geeigneds Middl mias ma si easchd no
bsenna.
Pervers isch heit jedr – bei mir wär s id arg,
aber d'Neurosa send au bei mir em
Vormarsch."

---

[10] Erstmals veröffentlicht in Alois Epple:Die Freude ein Schwabe zu sein – Gedichte aus bay.-schwäb. Blickwinkel, Türkheim 1978, S. 13

A Stond haud r so an mi nagred -
herrschaftsnoamaul - i haus nemma vrhebt,
dau gausch zom Dokdr, dass r dr ebbas gibt,
drweil nemmd die dem sei Kuriar so mit.

Übrigens –
dauhoi isch mei Psychologie glei aufkomma:
-
mei Weib haut gestern Rizinus-, statt Salatöl
gnomma.

Die gescheidesten Leute[11]

Ost scha hau i s verleabt,
oft au hau i s scha gheart,
dass mir Schwauba dia gescheidschda send,
dia s gäb!

Angnomma, des isch waur,
angnomma, des stemmd auf s Haus,
dann isch des gar id so schwer zom
vrschdau:

Erschtens dond mir dialektisch denka,
des kommt, weil ma bei eis liagt recht gera.

Zweitens dond mir weaga jedem Fuz glei
stenkra,
des kommt, weil mir üllerall glei
argwohnisch weared.

Doch des alles macht's id aus, des alls wär
für d'Hex,
hättet mir id eisern kloina
Minderwertigkeitskomplex.

---

[11] Veröffentlicht in Alois Epple:Die Freude ein Schwabe zu sein – Gedichte aus bay.-schwäb. Blickwinkel, Türkheim 1978, S.14 und in Lothar Bidmon (Hg.): Butzagägaler – Mundartlyrik in Bayerisch-Schwaben, Regensburg 2023, S. 20

Emanzipation[12]

Mei Weib isch grad so emanzipiert,
wia's ihra ja doch wohl geziert.

Abspiela derf i, butza, stopfa, bacha,
wia guad, a Weib z'hau, dia oin des laud
macha.
I hau jemand, deam i mei Geld gea ka,
wia arm isch dau o oischichdigr dra.
Ja, Gottseidank sem'r endlich so weit:

Mei Weib isch ja glei a soviel gscheid;
Iibrauch nemma reda, des machd alles sie
i brauch nemma denka, des macht sie für
mi.
Alloi ens Wiatshaus – ja wo denkschd denn
du na?
dau gaut sa scha mit – so guad ben i dra.
Da kloina Kendr derf i s'Fiedla butza,
so a Weib hau i – dau brauchschd gar id
schduza;

Sie sed mr, was alls zom arbeda isch –
a Glick, hau i gehet, hau i so oina vrdwischt.

---

[12] Erstveröffentlicht in: Alois Epple:Die Freude ein
Schwabe zu sein – Gedichte aus bay.-schwäb.
Blickwinkel, Türkheim 1978, S. 7. Nimmt Bezug auf die
„Emanzipationsdebatte" der 1970er Jahre. Von einer
Elisabeth Rabl als „altbachen" bezeichnet.

25

Ihre geheimschda Wensch laßt s mr
vernemma,
alloi hät i do gar nia draukomma kenna.

Stolz ben i, daß mr scha so modern send
heit,
doch manchmaul gauz doch a blißla zu weit;
obariera soll i mi au no lau,
vielleicht kend i dann no Kendr hau.

Vom schwäbischen Lachen[13]

Scha oft hau i denkt, es wär halt schea,
en Schwauba amaul au lacha z'sea.

So ben i also in D'Wirtschaft ganga,
ond hau mit allerhand Spasettla agfana.

Zeaschd rührd sie nix, alls bleibt
muxmeisles ruig,
au als i vrzehl des ganz dreckede Zuig.

Dau sed oinr a Lug, ond scha wead glacht, -
des isch, was da Schwauba zom Schwauba
macht.

[13] Erstveröffentlichung in: Alois Epple:Die Freude ein
Schwabe zu sein – Gedichte aus bay.-schwäb.
Blickwinkel, Türkheim 1978, S. 17

Schwäbisches Mordengedicht[14]

hoila aufwacha –
so vor si na seniera
d'Auga lauschd no zua, soschd wachsch so
schnell auf –
hoila maul rausblemsla –

s'Wäddr? –
ja – d'Fugger ---d'Welser hand dia halb Werl
kolonialisiert,
Herrschaft no amaul, des wared r Siacha;

mit deam viela ibrlega bischd iazd doch
scha bald aufgwachd –
Was sollschd iazd do?

a -iazd bleib i grad no flacka –
aber ab mora!!

---

[14] Alois Epple:Die Freude ein Schwabe zu sein –
Gedichte aus bay.-schwäb. Blickwinkel, Türkheim 1978,
S. 18

Abendgedicht[15]

Manchmaul –
omanandrgwuschdled bis d nemma
manschd,
gragred ond garbet, bisd nemma kaschd,
omarädlaglaufa da ganza Dag;

dau hockschd dann Aubeds na
ond fangschd zom denka a:

manchmaul –
fraugschd da dann,
warom des alls sei,
dau ibrlegschd ofd lang,
Antwort fälld r koina ei-

ond du oischd grad,
s miasd oina gea.

---

[15] Erstveröffentlichung: Alois Epple:Die Freude ein
Schwabe zu sein – Gedichte aus bay.-schwäb.
Blickwinkel, Türkheim 1978, S.19. Auch veröffentlicht
in: Lothar Bidmon (Hg.): Butzagägaler – Mundartlyrik
in Bayerisch-Schwaben, Regensburg 2023, S. 372

Ein aufrichtiger Mann[16]

Mei Nauchbaur isch a bravr Ma,
der arbada, senga und reda ka,
s isch, dass man ibrall gern ma,
vor allem, weil r so gued liaga ka.

Ganz geara erennra i mi vor all,
wenn r haud ibrn Zau romgschria,
odr wenn r haud ondrm mischda em Stall
öfdrs haud appeliert an mei Hira!

Zeaschd wead ibr d Politiker gschempfd:
„Dau isch oi Lop greasr wia dr andr,
dia hand scha mea da Milchpreis gsenkd,
dau kommsch ganz ausr Rand ond Bandr."

Dann kommd allmählich d
Kommunalpolitik dra:
„En dr letzda Vrsammlung war i det –
dr Bürgameischdr isch zwar a griabigr Ma,
aber, Herrschaft noamaul, war des a Gfred,
des ischd au id leichd, weil r glei gar nix ka.
Dr oi haud gmoid, ma miasd hendrm Wald
Bauplätz erschließa,
wahrscheinlich, weil von seim Spezi det
Grondstuck send –

---

[16] Alois Epple:Die Freude ein Schwabe zu sein – Gedichte aus bay.-schwäb. Blickwinkel, Türkheim 1978, S. 21

drauf haud dr oi geschria „Was mir miassad,
des weared dir ja wohl no sea, ob mir des au wend!"

Wenn s ibr dia Sitzung nix mea zom saga geid,
dann gauds oms Dorf, dann gauds om d'Leit:
„Hausch sa gsea, d'Mari vom Obra Wiad,
ja, diasell, wo aufm Gut ,s Vieh au hiad,
dia isch ja – i hau's zeaschd gar id glaubd,
scha em dridda Moned – Bua dau hau i gschaud.
Dr Bachbichl Sepp haud n Grenzstoi vrruckd
ond Hanseles Hans isch ebbas ganz vrdruckds,
der hockd doch da ganza Dag em Wiadshaus rom
ond dauhoi isch glei so nix-
i weiß des, weil i öfdrs neikomm.
S'Weib kriagd glei all Däg ihra Wix.
Dr Hofele Doana haud d'Milch mea banschd,
soschd ked ma dau id so leaba em Pomp
ond dann easchd no dr Baubichlers Franz,
des isch ja no dr allergreaschd Lomp,
bei deam weiß ma glei gar id, wo ma afanga muaß

so viel däts dau zom saga gea,
der kommd bestimmd ens Fegfuir zur Buas
dau haudr's dann nemma so schea.
D alt Neasl soll a Hx gar sei,
i will ja nix gsed hau
abr dia duads en da Fuadrdrog nei,
drom kaas Viech dann nemma gau
ond nemma kälbra obadrei.
Da roadfuxad Sepp haud ma beim Wildra
vrdwischd,
dia buggled Kaddl isch ragflla vom Grischd.
Was haud denn dia no mit 85 Jaur
wo sa doch ka scha faschd nemma stau
no alled rom graddla miasa aufm Bau?
Des solld ma hald da jonga Leid nom lau!"

Am Schluss, i fasch moin,
mei Nauchbau isch dr oizig Ma
ond außr eam, gibt's wohl koin,
der s Sach richdig zemhalda ka.

Doch wenn r manchmaul zlang vrzehld,
schreid s Weib: „Komm maul rei ens Haus"
ond dann isch alles gfehld,
dann isch alles aus.

Wenn sa guad aufglegd isch, muaß r 10
Vater-Unser beada,
ond kniagla drwei ondr Drebba nei.

oder ear muaß em Gädla Unkraut jäda.
Ond des soll mir a rechds Mannsbild sei?

Doch wenn s'Weib schlecht aufglegt isch,
dann o Graus,
zeaschd kriagdr Schleg, dann schmeißd sen
d'Haustir naus.

Drom wia gsed, ihr lieba Leid,
mached dia andra id so schlecht.
Dau red i liabr id so gscheid
ond luag, dass bei mir dauhoi ischs alls
rechd.

Das Spiel[17]

Iazd nemma dr mr scha mea n Baura
i ka mir s denka, was dau ischd.
Sollschd weaga deam afanga haura?
Was endresiert mi denn dear Mischd?

Da Laifr häd r mr grad nemma kenna
doch dean laß r em Spiel no denna
nemmd Dame s näydmaul raus drfir.

Mid m Laifr daurads hald a bißla lengr,
doch gwenna –ohne Dame- ka i alled
nemmr

Soll i id glei aufhera, wenn i sowiaso vrlier

---

[17] Alois Epple:Die Freude ein Schwabe zu sein – Gedichte aus bay.-schwäb. Blickwinkel, Türkheim 1978, S. 24

Dauhoi

Eisr Hoimed isch so wenzig kloi
ma kennd sa blos bei eis dauhoi.

Drom wenn ma mi fraugt, woher i komm,
dann stell i mi oft ganz schea domm:

Bischd a Deitschr blos, muaschd di em
Ausland schema
Als Bayr muaschd jodla on saufa kenna.
A bayerischer Schwaub isch zu formell,
a Schwaub alloi ischd id originell;
a Europäer des isch zu universell.

Drom richt i mi drnauch,
 wer mi fraugt,
akrad,
deam hau i dann au glei a Antwort parad:

Fraugt mi a Türk – komm i aus deutschem
Land,
weil mir zema en Kriag bald gwonna hand.
Fraugd mi d Ami – setz en Tirolerhuad i auf
„Hofbräuhaus" schrei i laud ond sauf a
Mauß glei aus.
En Amerika ben ganz auf d'Wittelsbacher i
eigstellt,
des isch nemlich ebbas, was deana ganz
bsonders gfälld.

Bei da Russa dua i mein Europäer
raushenga,
weil i weiß, daß sa des id vrbuzza kennad.
En England dean, dua i mi als Republikaner
vrschdau,
„Schemad r ui id, no an King dau zom hau!"
En Frankreich ben i aus m Land mid m
beschda Käs
dau weared d Franzosa dann bsonders beas.
En Schweda dua ganz keusch i mi nenna
des isch nemlich ebbas, was dia dau id
kennad.
Bei da Breisa gib i mi bayerisch – barock,
der da ganz Sonndeg en dr Kirche ond m
Wiadshaus hockd.
Weil dia hoila Hauptstadt bei da Tiroler
München ischd,
isch deda guat, wenn d von dauher bischd.

Am liebschda aber isch mir s, wenn dauhoi
ma dia Auskonft ma:
„Liabs Biabla so sag, wo keasch denn du
na!"

Dann ben i beim Käsr z Berg dauhoi,
ond des isch a Antowrt, dau wo i moi,
des isch ebbas, wo i stolz drauf sei ka.
So fühl i mi als a rechdr Ma,
des isch ebbas, wo i auf s Erb mi verstau,
des i hau erwerbt, dass s i kas iazd hau.

Man kann es fast nicht glauben[18]

Dau hülf wer ma:

Ma ka's faschd id glauba,
abr daß ma's id glauba ka,
ka ma au id recht glauba!
Was soll ma iazd en so ma Fall glauba?

---

[18] Erstveröffentlicht in: Alois Epple:Die Freude ein
Schwabe zu sein – Gedichte aus bay.-schwäb.
Blickwinkel, Türkheim 1978, S. 2

Handlung und Rede[19]

Ledschdns, bei ra Sauferei,
i – nadirlich au drbei,
dau war des dann so:

Sie set „skool",
er: „zum Wohl",
i hau scha dia easch Halba.

„Oans, zwoa, gsuffa" sengads laut,
i lua scha ganz dasig aus
ond hau scha mea a Halba.

„Ein dreifach Hoch,
lang leb er noch",
i hau scha mea a Halba.

I drenk so hoila vor mi na,
dia andra broschded – stoaßed a
ond kommed id zom drenka.

Da Reschd kenna dr ui ja denka:
Bis dia amaul dean hand, dean Rausch,
hau i mein lang scha gschlaufa aus
ond zfrieda gang i hoi – alloi!

---

[19] Erstveröffentlicht in: Alois Epple:Die Freude ein
Schwabe zu sein – Gedichte aus bay.-schwäb.
Blickwinkel, Türkheim 1978, S. 4

Stress[20]

Gschdred isch heit alls, was grad a so gibt:

gschresd isch dr Baur auf m Mischd,
gschresd isch dr Schialr, wia ma wais,
gschredsd isch dr Bayr und dr Breis,
gschdresd send d'Roggr ond Terrorischda,
gschdresd snd Politiker ond Polzischda.
D Amerikanr hand weagm Schred en Kriag[21]
vrloara,
aus Schdres weared koina Kendr me gebora,
dr Schres hält d'Leit vom Orgasmus[22] ab,
weagm Schdres kommd ma friahr ens Grab.
No durch duzed Beischbil kennd ma s
belega,
doch – wenn ma mi fraugd – was hülfd dau
drgega?
I bi zwar koi Dokdr, doch soll i s ui sage?
D'Medizin drgega isch koi Safd frien Maga,
dia beschd Medizin isch dau – wissadr was?
öfdrs zom sage: gang, leck mi …!

---

20 Wurde im Bay. Rundfunkt gesendet. Für die Senderechte bekam ich am 25. September 1981 129.-DM. Erstmals veröffentlicht in: Alois Epple:Die Freude ein Schwabe zu sein – Gedichte aus bay.-schwäb. Blickwinkel, Türkheim 1978, S. 5; auch in: Alois Epple und Ludwig Seitz (Hg.): Türkheimer Anthologie, Norderstedt 2016, S.51
21 gedacht ist hier an den „Vietnamkrieg"
22 Bezug auf die Filme von Oswald Kolle!

So leabed mir[23]

A bißala em Schloddr romriara,
a bißala omanandrdriala!

A bißala oim d'Moinung saga,
a bißala m andra da Grend vrschlaga.

A bißala a Reischla hau,
a bißala aufa d'Seida gau.

A bißala oim s'Veidala dreiba,
a bißala laß d'Zeit vrdreiba.

A bißala dir Hoffnung geaba,
a bißala hosch noch fürs Leaba!

---

[23] Findet sich auch in: Alois Epple und Ludwig Seitz (Hg.): Türkheimer Anthologie, Norderstedt 2016, S.52, Am 10.3.80 erhielt ich folgendes Schreiben:
Lieber Herr Epple
„So leabat mir" derf i b'halta. I möchte's amal ins Bairisch Herz verkaufa. […] Wir sollten die Gedichte mal zusammen lesen und dann diskutieren. Vielleicht sind Sie gelegentlich in München. Melden Sie sich! […] Schöne Grüße Ihr Robert Naegele

So luaged d'Leit bei eis aus
oder
Fünf der Sieben Schwaben[24]

Knöpfleschwaub

Dr ganz Kerl isch oi Wamba blos,
neizwengt en a enga Hos.
Des kommd vom viela Suppa essa,
vom Knöpfla ond vom Spätzla fressa.
Einfältig – aber id grad vrruckd,
a bisla sinniera ond arg vrdruckd.
Sosch isch'r scha recht, ma muaß n blos
kenna,
Er duad halt oifach a bissela spenna.

---

[24] Auch erschienen in: Alois Epple und Ludwig Seitz (Hg.): Türkheimer Anthologie, Norderstedt 2016, S. 53,54. Diese Gedichte entstanden während einer Frustrationszeit des Autors. Dieser hatte den Eindruck, dass man ihn im BR nicht mehr senden wollte. Dass man den „anständigen" und „braven" Autoren den Vorzug gab, dass man schwäbisch mit „beschaulich" gleich setzte. Er lernte jedoch, vorzugsweise am Stammtisch, ganz andere Schwaben kennen, Schwaben die recht „deftig" formunierten.

Gelbfiaßler

Vrdruck, er red all om da Brei rom,
a jedem nemmd r s'Dommsei kromm.
Er schempfd ond mended[25] auf dia welt,
des isch, was mir am Schwauba gfällt.

Blitzschwaub

A Lätscha wia en Fuaßabstreifr,
en Duschd grad wia a Scheraschleifr,
a Waza auf dr Nesa doba.
Er duad sie geara selbr loba
ond liaga ond a weng aufschneida,
m andra all da Vortl neida.
Ond wenn r schempfd, dau gauts gra raus,
so luaged Fuggers Nauchkomma aus.

---

[25] Abkürzung von „sakramentieren" = fluchen

Spiegelschwaub

Aus Angschd vorm Weib s'Hemmed
vrschissa,
dr letzde Futz haud d'Hos vrrissa.

Hoila maula, wia si's ghert,
ond laut schempfa, wenn's neamed heat.
Sosch scheißfreindlich ond alled zruckstau
en Astand haudr, des muaß ma'm lau.

Der Allgäuer[26]

S'Fiedla voll vo Hemorida,
koi bissla Astand, koina Sitta.
En Kropf em Gsicht, ma ma's id glauba,
a roda Nes vom viela Sauf.
Sosch kräfdig ond grad nauf gwachsa
mid groaßa Fiaß uond feschda Haxa.

So luaged d'Leit em Allgäu aus,
so kennt man' aus da Biachr raus.

---

[26] Erstmals veröffentlicht in: Lothar Bidmon (Hg.):
Butzagägaler – Mundartlyrik in Bayerisch-Schwaben,
Regensburg 2023, S. 67

Allein

I drenk mei Bier liebr alloi
dau set neamet, i sei vrsoffa.
Aber wenn i alloi ben
schmeckd mr s'Bier idda.

Allein

Jedr Vogel haut en Vogel,
Jeder Mensch haut a Mensch,
blos i ben alloi.

Allein

Ma isch dia ganz Zeit unterweags.
Ma isch da ganza Dag mid Mensch zema.
Ma isch guat vrheired und haud Kendr.
Ma isch trotzdem alled alloi

Allein

A Weib ond Kendr ond doch alloi.
En Kaschda Bier ond en Fernseher
ond i hau Gesellschaft.

Allein

Alloisei isch schea
wenn no jemand drbei isch.

Der Philosoph

Iberall geit's halt so Leit,
dia wo send scha arg rechd gscheid
ond wissed alls so guad.

Beim Reda ond beim dischkeriera,
beim schempfa und beim Leit ausschmiera,
da send so auf dr Huat.

Auf Sitzungen sich d'Zeit vrdreiba,
allbot en Leserbrief glei schreiba
ond maischdens hau a rechda Wuat.

Mit neameds dond sa sich vrgraga,
blos dauhoim – dau hand sa nix zom saga.

Fut dau send so Maulaufreißr,
dauhoim dia greaschda Hosascheißr.

Zur Erschließung unserer Berge[27]

Schea isch unserer Bergewelt
obwohls no unerschlossne geit!

Alle muaß ma halt erschließa, des geit der
Sach a Gsicht.
Dr ökonomische Faktor, fällt drbei gar stark
ens Gwicht.

Vom Rheinland rauf a Wirtschaftsboß,
der baut am Südhang na a Schloss
Ja id vrärgra derfsch dean Ma,
ma wei´ß ja nia, ob man amaul no brauch ka.

Wo friahnr a Alm war, däd ma wölla,
a groß Wiatshaus für d'Tourista stella.
Die drzugehörig Asphaltstrauß
fihrt man gleich bis zom Gipfl nauf.

Dr Nordhang isch für d'Schilift dau
ma muaß n blos no abholza lau.
Ond vo dr nuia Bergstation
dau dreimd dr Bürgameischdr scho.

Trotzdem:
Schea isch unsere Bergewelt,
solang's no unerschlossne geit.

---

[27] gedichtet 1982 in Kempten

Ländliche Ruhe

Om fünfe weasch sanft ausm Schlauf
aufgweckd,
vom a Bulldock midra 70 PS,
mit deam dr Baur holt grad as Gras
ond gibt drbei no extra Gas.
D'Melkmaschin ab sechse lauft,
midma typischa Sound, dau wachd jedr auf.
Drzwischanei fluachd dr Bauer em Stall
mid der guada Akustik – ma heat n iberall.
Da ganza Dag, all halba Stond
mid'm Ladewag s'Hei reikommd.
Am Aubed setzt as Gebläse ei
ond blaused s'Hai en da Haistock nei.

Wia schea ruhig isch's dau en ra groaßa
Stadt
wo d blos en gleichmäßig lauda
Verkehrslärm hat.

Heimat ist…

I kruschdla en da alda Sacha
ond fend mei Hoimed net.
Mei Stub isch voll wurastichigs Graffl
doch koi Geborgenheit hausch det.

I schwätz a so a urigs Schwäbisch,
faschd neamed ka's verstau,
I gib mi wia des wildest Urviech,
auslacha dua i mi lau.

In renn blos no rom em Trachdaanzug
ond rauch a langa Pfeif,
sauf fünf, sechs Halba en dr Wiatschaft
ond gang id hoi so gleich.

Trotz dem alda Glomp ond allem
mei Hoimed fend i id;
es scheint, si isch vrlora gang
d'Zeit hat so gnomma mit.

Doch d'Hoimed isch koi aldes Zuig id,
koi Erinnerung, koi Draum.
Sie isch koina vrgangne Däg id,
koi Bronna [am Tore] ond koi Lindenbaum.

D'Homed die isch ieaz und heit,
isch d'Musikbox en dr Wiatschaft henn,
isch d'Sprauch mit Amerikanismen
ond Ketchup en da Kässpatza denn.

D'Hoimed isch id blos d „Musi",
sonder sie isch au a HIFI
isch koi Raufa ond koi Haura
sondern knallharte Juristerei.
D'Hoimed ben i ond isch mei Naubaur,
der an a 45 haut „ribergmacht".
D'Hoimed isch wo i mi wohlfühl,
wo en mir denn ebbwes aufwacht.

Mach doch koina Sprich[28]
oder
Schwäbische Frustration
(Aphorismen)

A Heimatabend isch ebbes
wo a Preis moint: „typisch schwäbisch"
ond wo i moin: „für d'Preisa duads scha"!

Wenn ma en dr Schual anstatt „plus" au
„zemazela" saga derf
kommed bei eis au die guada Schüler zom
Zug.

Heimat isch au,
wo di bsonders ärgrschd,
wenn em Blättla d'Lokalnachrichtn lischd!

Seit i nemma ka
wüll i nemma!

Z easch gaud ma an da Feierdäg id en
d'Kirch
ond dann mauled ma, wenn d'Feierdäg
abgschaffed wäred.

---

[28] Der BR zahlte für die Senderechte am 11. Februar 1983 150.- DM. Gedruckt in: Alois Epple und Ludwig Seitz (Hg.): Türkheimer Anthologie, Norderstedt 2016, S. 55,56

Bei da Wirdabergr
hearsch Gescheidheit scha vo weidm.

Der Schwaub isch kompakt
(die mathematische Definition für kompakt:
= abgeschlossen und beschränkt).

Em Festzelt schreischd gegen
fünf Mann Blausmusik ond 10 Verstärker a.
Aber gmidlich isch's trotzdem
Am a Sonndeg brauch i a kurza Predigt
ond en großa Schweinebrauda.

Dau solsch koin Durchfall kriaga,
wenn si d'Weibr so a Zuig ens Gsichd
neischmiered.

Kaum hausch dia Chemie agschleckd,
schmiered sa si scha mea aa.

Wenn sa lached,
Bläddred dr Butz ra.

Von weidm hau i gmoid du bischd nix,
ond iazd, wo'd dau bisch, isch's doch so.

Viele moined sie kenned scha schwäbisch
wenn so an jedes Wert a „le" nahhenged.

Seit dr letzte Spiesr en Brt haut

staut mir meinr nemma.

Gescheid sei und domm stella
solcha semmr scha recht.
Domm sei und gescheid doa
solche semmr grad rechd.

Wenn'd vrbeamded bisch
kasch di scha auf's sterba fraia.
Dau ghert fei en Haufa Charakdr drzua.

Frihnr haud ma am Werkdag Dialekt
ond aam Sonndag Hochdeitsch geschwätzt.
Heit isch's omghert.

Ondr Dags hand sa auf dr Baustella
schalldämpfende Kopfhörer auf
ond am Aubed gand sa en'd Diskothek.

Je demmr a Schwaub luaged,
om so gscheidr ist'r.

D'Schwiegermuadr däd ja no gau,
wenn na s'Weib id wär!

Nauch m Vornama hausch friahnr gwißd
wo ma herkommd und wia
d'Verwandtschaft heißt.
Heit waisch blos no, ob d'Muaddr
eingebildet

oder dr Vaddr a Sportfan isch.

Nauchma halba Jauar fühlen sie sich ganz
einheimisch,
nauchma Jaur frauged sa oin, ob ma au a
Einheimischer isch.

Seid r dauhoim nix mea zom saga haut,
moind r, iazd sei s'Weib richdig
emanzipiert.

Muaß des dau dond nix sei,
wenn sa all hob bleiba wend.

Was muaß blos bei deana em Grend denna
sei,
dia da ganze Dag n Sonna flacked ond koi
Schädelweah krieged.

A Preis, der mei Hoimed lobed und mea
zruck gaut
isch mir liebr als oinr,
der ibr mei Hoimed schempft ond daubleibt.

A Preis mid ma Hoiweah
ischd in dr menschd.
Dr alte Ma

Als Kend kohlraaba schwarza Haur,
a rechdr Siach en jonga Jaur,

nauch 45 en Gfangenschaft,
oinmaul en Untersuchungshaft,
recht spät dann no d jongs Weib gheired,
a Jaur spädr d'Kendstauf gfeired,
mid 65 en d'Renda komma
em Antersheim hand san doch no gnomma.

So ka's oim halt em Leaba gau.
Dia Bilanz dia ka sa seacha lau.

Mode

D'Mode soll was scheas sei,
doch oft isch sa a Gaus.
Des sieht ma bei viela Weibr,
dia luaged oft doch rechd kähl aus:
Sie ziached sich a enge Jeans-Hosa a,
dau druckts des Fiedla bsonders raus.
Dia ganz Partie luaged grad so,
wia a Haflingerhintra aus.

S'Buzzala

Dau flack i en dr Wiega denn,
wais nix vo deara Welt,
wais nix vo Politik ond Wahla,
wais nix vo Arbed und vo Geld,
wais nix vo Fuaßball ond vom Sport,
wais nix von Siache ond von Lompa,
wais nix von Umweltschutz ond Greana,
wais nix von Krieg ond Atombomba.

Was kümmred mi der ganze Trubel?
Mi interessiert blos ois – mei Dudl.

Das Hochhaus

En wonderscheana Ausblick haut ma,
vom 8. Stock[29] auf s'Städtla raa;
drom hock i oft am Fenschdr detta,
ond luag vom 8 Stock aus naa.

As Rautshaus leit rechd arg weit donda,
em Dura denn kasch seha s'Gleit.
Dia Auto sind wia a Spielzuig
wia Flöh ausseachad all dia Leit.

Die wergled, arbet, sprenged wuhled,
sie renned om- und duranand.
Ganz gschpässig isch's oim so weit weg,
ma fühlt sich wia em Disneyland.

Ma selbr moint, ma wär a Herrgott,
wenn man vom 8. Stock lugd naa.
Ma moint oim ghur dia Welt dau donda,
blos wöll man drauf naluaga kaa.

Scha andrsch sieht dia Sach doch aus,
wenn ma id naluagd, sondern nauf:

---

[29] Als ich dieses Gedicht 1978 schrieb, wohnte ich in
Kempten, Illerdamm, 8. Stock

Ganz schwendleg weads oim und ganz
dremsleg,
allmählich duad dr s'Gnack au wea.
Da Grend muasch weiß Gott wia verrenka,
om nauf zom lua, en so a Höh.

Wia i amaul ha nauf so gaffed
ond drbei mein Grend hau greckt,
sieh i em 8. Stock am Fenschdr.
en Batza wia a Fluigadreck!

Wenn d naaluagsch siesch d'Leit wia
Hagameisa;
ond wenn oinr naufluagd, siehdr die als a
Fluigascheiße.

Spaziergang[30]

Wenn ma so spaziera gaut, isch des
manchaul scha a Graus.
Selbsch auf da aller högschda Berg, luageds
wia em Saustall aus:

Em Bächla flackd dr Abfall denna,
ma haudn id weitr mitnemma kenna.
A Tüten leit middleschd auf'm Weag,
a Bleckhos staut unauffällig am Rand vom
Steag.
Am Bänkla kleabd a Kaugummi dett,
a Wahlplakat macht D'Sennhitt easch nett.
A agesses Buttrbrot siesch aufm Glendr,
neab dett „Pampers" vo kloina Kendr.
Orangeschale luaged ondrm Tannabau raus,
s sieht wie dauhoi z'Weihnächda aus.

---

[30] *20.3.81 Lieber Herr Epple, Ihren „Spaziergang" hat mir
Herr Breinlinger – der Regisseur – aus dem Bair. Herz
gestrichen. Ich habe ihn jetzt für den Schwabenspiegel
aufgenommen. Dort hat das Gedicht gefallen und wird
demnächst ausgestrahlt werden. Schöne Grüße Ihr
wohlgesinnter Robert Naegele*
*Lieber Herr Epple, [...] Den „Spaziergang" schlage ich für
Schwaben-Herz 15.3.[1981] vor. Alle 3 Gedichte finde ich
gut. Auswechseln möchte ich das Wort „Türe" mit „Guck"
im Spaziergang. Den Schwabenspiegel, Dr. Lehnert hat man
finanziell unsäglich gekürzt. Gespräche nützen im Moment
wenig. [...] herzliche Grüße ihr Robert Naegele*
Die Senderechte für den „Spaziergang" brachten mir
am 24. April 1981 60,- DM.

Am Weidezaun hängt a alda Däscha
ondrm Gipflkreiz lieged Cola Fläscha
Hindrm Baum flackd a Häufla Kollpapier
ond a aldr Waschlappa luaged au herfier.
Des kasch als beim a Spaziergang verleaba
ond grad drom moin i halt äaba:
Leit, dond d'Landschaft id so vrnutza,
dond dauhoi gut verschbra, Grend und
Fiedla butza.

Feiner Unterschied

Wenn irgend an Kuah scheißt auf dr Welt,
dann heit ma' „en guada Dong".
Wenn I scheiß auf die gane Welt,
dann heit's Beleidigung.

Das schwäbische Gedicht[31]

Willst Du ein Dichter sein in Schwaben,
s'Rezept dazu ist leicht zu haben:

Der Stoff, der muss belanglos sein,
alltäglich, nichtssagend, unbedeutend –
zwar ist in Schwaben – wie ich mein,
das Leben gar nicht unbedeutend.

Da sollen viele „le" hinein, das klingt so
kindlich, so naiv
zwar sind die Schwaben – wie ich mein,
doch gar nicht primitiv.

Dann soll alles klingen gar fein,
so lieb, so selig ungetrübt –
zwar sind die Schwaben – wie ich mein,
nicht fein, noch selig ungetrübt.

Dann muss viel Moral drinn sein, ganz rein,
so scheu, keusch und jungfrläuich –
zwar sind die Schwaben – wie ich mein

---

[31] Als ich dieses Gedicht schrieb war mir klar, dass ich es als schwäbischer Dichter zu nichts mehr bringen würde. Ich hatte kein rotes Leible und schwätzte keinen breitmauligen Dialekt. Auch hängte ich nicht an jedes zweite Wort ein „le" und schließlich bewegte ich mich auch nicht in den entsprechenden Kreisen, welche sich gegensetig lobten und für Auszeichnungen vorschlugen.

nicht gar so rein, noch zu jungfräulich.

Und dann der Schluss – um Gottes Willen –
da darf ja keine Pointe sein.
der darf nicht sein zu Lachen-
zwar sind die Schwaben – wie ich mein,
oft aufgelegt zum Lachen.

Dies alles ist ein Widerspruch,
der sich – jedoch mit groß Verdruß –
ja wohl so schnell lösen lässt:
Der Dichter nur ist ungetrübt,
jungfräulich und ohne Gemüt,
unbedeutend - und so folgt, daß sein
Gedicht ist schlecht.

Ich jedoch halt es angebracht
ich halt es sogar für mein Recht:
Am Schluss gehört ne Pointe gmacht.
Denn dieses ungetrübt feine,
pointenlos reine,
belanglos kleine,
schwäbische Gedicht ist
ein Mist.

Ein Sommertag am Fluß[32]

sechs Gedichte in schwäbischer Mundart
Mai 1980

Der Morgen

D'Nachd haud si em Wald auskruabed.
Sie isch no id ganz so krea,
als sa duad da Mau a'luaga
ond nau gand allzwei mea

Wia jazd d'Nachd isch futgange,
dond aheba d'Vögel afange
zom babbla und befzga,
krächza und hägga,
schettra und pfutzga,
kleppra und gatzga,

omgau duads gra gnua
en der gschtäta Morgaruah.

---

[32] Aus einem Brief von Erwin Holzbaur vom 15. 7.1980 an Alois Epple:... *Aber nach meiner unmaßgeblichen Meinung, die ich einfach als ein Freund der Mundart weitergebe, trafst Du den Sommertag am Fluß mit kräftigen Farben. Wenn „altbacha" gleich schlecht wäre, gar verdorben, warum schmeckt oft „a altbachanr Ecka" so „guat"? „Gschwolla", dös sind dia Versla ganz gwiß it, dät i moina.*

Der Vormittag

D'ausfranzda Neabl haud d'Sonna
aufgschluckd.
D'Bloama hand gnäschdig vom Tau raus
guckd
ond gmächlich ihra Blättr aufgstellt.
Des Wasser luagad ganz käsig aus.
A Ma gaut am Fluß lang naus
in dia Welt

Der Mittag

D Sonna haud bachala wara glacht,
d'Imma send ganz gempasch.
D Bloama hand d Blättr weit aufgmacht
om d Wärma aufzomdrenka.

Ibrm Wassr rom und nom, flieagd a Haufa
Mugga,
aus da allerletzda Beim duad dr Kirchturm
rauagugga,
von wos iazd grad zwölfa leit.
Heiß isch scha, bsonders heit!

Der Nachmittag

Als isch miad ond lagg ond fad,
d Sonna brennt, als wod sa grad
zeiga was sa alles kaa.

D Hagameise kreiz ond quer
dremsled lamaschig drher,
s Wasser jaumred vor si naa.

D Hitz muaß jazd glei sei vorbei,
dr Aubed kommd scha langsam rei,
dann gaud s Leaba au mea aa.

Am Weag, ded auf ma Beigela
hockd a Mädla ond brockd Veigela,
ob mir dia was sage kaa?

Der Abend

A blueweißr Schleier ziagd ibr da Fluß auf
ond hebd da Donst aus m Wasser dau rauf.
S wead kiahl ond s isch nemma ganz hell.

Dia Vegl ond Bloama gand au scha zur Rua,
grad a paar Mugga hand no id rechd gnua.
ond zirped durchd Lifdla ganz schnell.

Abr sonsch isch als stüll, es nachded au
bald,
weit denna, dau en dem stockdustra Wald,
dau staut a dasiger schwarzr Gsell.

Die Nacht

D Nachd leit stüll em Auwald denna,
d Weida glotzed käsig raus,
sie dond d Äst en s Wasser henga,
dr Mau kruabd sie em Fluß denn aus.

67

Lustige Gedichtlein

gedichtet zum „Hoigada" beim Bäurle in
Türkheim am 12. Februar 2015

Brautwahl

Welches Weib du nemmsch, des isch
eigentlich egal.
Kasch ruig oina heirada, dia wo isch
wiaschd.
Hauptsach, si arbed gera em Stall
ond lädt en ra Stond zwei Fuadr Mischd.

Gerettetes Rindvieh

Gestern staut - s'isch allerhand –
em Baura Mayr sei Hof em Brand.
Dr Mayr haut id obacht geah
ond so isch dieser Brand geschea.
Zweideutig staut em Blättla denn:
„Beim Mayrbaur der Hof haut brennt,
das Rindvieh konnte gerettet werden,
neben den Säuen und den Pferden.

Essen beim Dodla

Dr Max isch beim Dodla ond a weng
vrsessa.
„Max, doa fei s'hoimgau id vergessa!",
moid s'Dodla nauch ra gwissa Zeit.
„S'isch des no lang id so weit,
d'Muadr haut nämlich gsed zu mir:
Bua, zeig beim Dodla ordentliche Manier
ond dass du mir ja id vorher gauscht,
vor id gar gnua gessa hauschd!"

Selber Schuheputzen

Dr Sepp sitzd vor seim Haus en Ruah
ond wixd grad ganz akurat seina Schua.
A aldr Freind kommd dau vorbei,
sieht da Sepp ond fraugd dean au sogleich:
„Ja Sepp, hausch koi Haushäldra mea?
Dia haudr doch friahnr dir d'Schua all
butzd,
ond dia hauds doch gmach gwies rechd
schea!"
Dau luaged dr Sepp ganz vrdutzd
ond dann langsam zom Freind er sed:
„Doch, dia hau i scha bei mir lau,
aber ois dra isch dau bled,
dass i sa gheirad hau!"

Fragen an seinen verheirateten Freund

„Ja, wia gauds dir und dr Deina,
iazd, wo sa di sich haud heireda lau?"
Der antwortet: „S'ked id besser gau!"
ond gfangd a zom heina.

Ein Vorteil eines Witwes

Dr Ma isch grad gstorba ond d'Nauchbeira
kondoliert.
D'Witwe sed drauf zu ihrem Verstorbena
ganz ungeniert:
„Gell Ma, wenn au dein Lebenslicht
erloschen isch,
so wei´ß i jazd wenigstens, wo bei der
Nachd all bischd!"

Leichte Übertreibung

„Mei Vaddr, ma ma's id glauba,
ka schneiza ondrm Pfeifaraucha."
„Mei Vaddr" – sed dr andr drauf,
„ziachd beim Zahhanäglschneide vorher id
amaul seine Socka aus".

Dauerwellen

Sie:
„Eigentlich will i mir a nuia Duerwella
macha lau!"
Er:
„Wieso? En deim Gsicht denna donds dr
glei gar id stau!"

Ehestreit

Dr Vaddr streidet mid dr Muadr mea.
D'kloi Dochdr denkt: Des isch id schea
ond frauged d'Muadr drauf, wia lang sa
scha vrheired send?
„Scha fufzg Jaur, mei liabs Kend",
sed sa ond ziachd d'Nesa nauf.
Drauf s'Medla red zu deana beida:
„Ond wia lang miased dir no zema bleiba?"

Selbsterkenntnis

Wer viel auf da Boda wirft, dear muaß si au
viel bucka
ond wer sei Maul recht voll nemmd, dear
muaß nau viel schlucka.

Nach der Hochzeit

„Z'Afrika donda, dau isch des bled,
dau leaned a Ma sei Weib easch nauch dr
Hochzeit kenna."
Drauf haud dr andr gsed:
„Dau brauchschd id bis nauch Afrika renna,
des isch a so id blos anderswo,
bei eis isch des meist au grad a so!"

Der schwäbische Körper

Göggl, Zenka, Letscha, des alles gheart zom
Grend
Fidla, Grattl, Wampa, vom restlicha Körper
Teile send.

**Von einem, der ein neues Gebiss haben
sollte**

„Ob des alte, odr a nuis Gebiß,
des isch mir doch ganz wurscht,
denn ois, des isch dau ziemlich gwiss,
des hilft id gegn Durschd."

Vom vielen Essen

A Hiadabua zom Baura sed:
„S'Rechna ond s'leasa hau I scha mea
vrgessa,
aber i bi dann doch id ganz bled,
a Pfanna vom Krautnudla ka i auf oin sitz
auffressa."

Von der Brotsuppe

Dr Kneachd wirft noml in d'Brotsupp nei en
Blick
ond sed: „Iazd kommd's easch rechd dick."
Ond haud da Spüllumpa aus der Brotsupp
rauszoga!
Des isch gwies ogloga!

Ich komme selber

„Des war wirklich a prächdiger Schmaus,
an Kirchweih so a groaßa Gauß!,
Du, Tante, schicksch huir mea oina, gell!"
„Noi, hiur gibt's koina, hiur komm i sell!"

Der Jäger

„Alda [Alte], heit breng dr a Wildenda mit",
dr Jägr zum Weib sagd,
nemmd s'Gwehr ond gaud mit feschdem
Tritt
durch Diar hinaus, auf d'Jagd.
S'Weib schreid m nach:
„Du, desmaul wärs angemessa,
dass s'Preisschildla wegtuasch,
s'letschmaul hausch's beim Hasa vergessa!"

Neugirde und wie man ihr begegnet

En dr friahra Staudabah,
steigd a aldr Ma
ond hockd si zom a Weibla na!
Glei fangd dia s'ausfrauga a.
„So, wo fahred denn dir iazd na?"
„Nauch Dirka [Türkheim] nauf!"
Sed dr ald Ma drauf
„Ond was dond'r z'Dirka?" fraugt s'Weibla.
Der antwortet: „Ja, dau dua i halt mea
aussteiga!"

Viehmarkt

„Mädla richd de saubr zema
ziach an a nuia Underwäsch fei,"
sed zur Dochdr, Nauchbaurs Lena,
„heit gand mr en d'Stadt auf n Viehmarkt
nei."

Macht Bier standhaft?

„Dass s'Bier standhaft macht!
Selda hau i so glacht!
Obwohl i scha sechs Mauß dronka hau
ka i allweil no id grad stau!"

Vom Schuh abputzen

S'Weib sed zom Ma:
„Für ihr Ausseha, dei Schwester nix ka,
aber, wenn dia kommt auf Bsuach,
ganz abgesehen von ihrem Geruch,
wenn dia kommd zu eis" – des muas dr sa –
„putzd dia ihra Schuah easch a,
wenn sa bei eis ausm Haus,
mea gaud naus."

Fastenkur

„Liabr Herr Doktor, i bräucht dringend a
Kur,
aber sie wissed, i hau doch koi Geld!"
„Liebe Frau Mayer, da kann ich sagen nur,
eine Hungerkur kost nicht alle Welt!"

Ein Weib holt ihren Mann von der Wirtschaft ab

Als s'Weib kommt vor's Wiatshaus
grad streckd dr Wiad da Grend raus.
[Frau]   „Isch mei Ma bei dir denna?"
[Wirt]   „Ja, der isch henna! Waurum?"
[Frau]   „Daurum!"
[Wirt]   „Willschn selbr holla raus,
            odr soll dr'n schmeißa naus?"

Der kurze Fisch

„Hat ihnen auch der Fisch gemundet?"
sich Kellner Franz beim Gast erkundet.
„Er war sehr gut, mein lieber Franz,
nur war der Kopf zu nah beim Schwanz!"

Am Sterbebett

Dr Hof isch am verderba,
es geit au koina Erba,
dr Ma leite m Sterba
ond sed no zu seim Weib:
„Alde, sei gscheid,
gib nix auf d'Leit,
wenn i ondrm Boden ben,
dann am beschda da Doana [Anton] nemm,
weil i den als guta Ma kenn."

Dau heads Weib zom heina auf
ond sed ganz vrlega drauf:
„Ja, dr Dona isch a guadr Ma,
aber i dean doch id heireda ka,
des mit m Doana machd koin Senn,
weil i scha lang Mairs Sepp vrsproche ben."

Beim Dokdr

„Herr Dokdr, wias om mi s stau, sage mrs, i
bitt!"
„Mei Weib, dir gfalled mir heit glei gar id!"
„Ja, wenn des so isch", gifded s'Weib da
Dokdr a,
- als ob der ebbes drfür ka –
„nau nemma dr halt a Jengera
oder au a Demmera."

Vom Sauschlachten

Dr Baur haut g'schlachdet a Sau.
Er schickd da Bua zom Pfarrer nomm
mit ma Fleisch, m a oos Dromm.

Dr Bua schenkt em Pfarrer s'Fleisch und
bleibt dann stau.

Dr. Pfarr moint: „Bua, auf was wadeschd
no?"
Dr Bua sed: I überleg grad a so.

I ka oifach den Gedanke id lau
was i meim Baura soll sage,
wenn er mi duad fraga,
wieviel Drenkgeld i von ui kriagt hau.

Vom Schulschwänzen

Dr Maxl haut d'Schual gschwänzd, ohne
Sorga,
ond des da ganza Dag.
Dr Lehrer fraud ean am näxda Morga:
„Du, Maxl, komm dauher und sag:
Wo bischd denn gestern gwea?"
Herr Lehrer, gestern hand ihr uir Wäsch
zom druckna ghängd naus
au uir Ho hau i hänge sea,
ond dau hau i gmoit, dass d'Schul fällt aus."

Vom Kropf

A Ma mit ma groaßa Kropf
streckt aus'm Fenstr naus sein Kopf.
A Bua gaut vrbei ond stierd en a,
da Kopf, da Kropf, da ganza Ma!
„Wenn mi no lang luagsch so bled a",
sed nauchra Zeit dr kropfig Ma
zum Bua, „dann friß i di auf!"
Dr Bua antwortet gelassen drauf:
„Moisch du, dass i dir schmeck?
Schluck zeasch da oina naa, der dr no em
Hals denn steckt!"

Weißwurstessen am Freitag

En ra Widschaft hocked zwei Ma.
Dr andr spricht da oina a:
„Mei liabr Freind, des gaud fei id,
dass du am Freideg Weißwischd frischd!"
Dr kropfad Ma entgegnet drauf:
„Liebs Mänla, reg di doch id auf,
zrbrich dr id dein kleina Kopf,
i ka nix, für mein groaßa Kropf.
Bis i hau ausdronka mei Bier
ond d'Weißwuschd donda ischd bei mir,
bis denn na, dau ka's dann leicht sei,
dass dr halb Samsdag isch scha vorbei.

Anglerlatein

Zwei Fischer hocked beianand
ond vrzehled, was sa gfanga hand:

„I hock an dr Weada, en aller Herrgotts Fria
i ben ganz ruhig, kaum dass i mi rihr.
Dau plötzlich macht's en Ruck,
es ziacht, i lass id luck,
d'Angl biagt sich na,
i ziag drom krafvoll aa,
dau isch ebbas am Hauga,
s isch id zom glauba –
es isch a Ladera midra Keeza denna
ond – musch mr's glaube – i sieh d'Keza no
brenna."

„Ha, wenn des id vrloga isch" –
denk sich dr oi ond waded weidr auf n Fish.
Doch dann fällt em ebbes ei
ond er sed drom m oina glei:

„Du, i hau n oos Fisch gfanga,
n gwiß guat zwei Medr langa!"

„Was?" se dr oi,
„Ja, wia kam a blos so liaga?"
Des vrzähl na deim Weib dauhoi,
da dond si ja glei b'Bälka biaga."

Drauf versöhnlich moit dr andr Ma,
deam ma s'liaga sieht glei a:
„Wenn du dia Keez n dr Ladera duasch
nemma brenna lassa,
dann dua i mein Fisch om n guada Medr
kirzr mache."

Regenwasser in der Milch

Dr andr Baur zom oina:
„Bei dir kennt ma grad moina
en die Milch rengets alled nei!"

Dr oi Baur zom easchda:
„Dua du blos id läschdra,
meine Küh saufed halt viel Wasser,
dromm isch mei Milch a bissala nasser."

Verständige Reue

Dr Richdr fraugt
den, der wo isch angeklagt:
„Bereuen sie denn auch ihre Tat?"
Der Angeklagte sagt:
„No ka i's id sage, ob i's soll bereua
oder ob i mi aber soll freua.
Ob i des bereua soll kommd easch raus,
wenn i weiß, wia s Urteil fällt aus."

Vom verdlaufenen Weib

„Gell, des stemmd scho,
dass dir Nachds isch s'Weib drvon?
Ja, hausch dau gar nix midbekomma?"
fraugd der Max sein Freind, da Doana!
„Doch, i hau sa schon gheart, dean Beesa,
aber i ben trotzdem ganz ruhig gwesa,
bis sa war dussa aus m Haus,
id, dass sa am End gaud doch id naus!"

Vom Alter

„I ben so alt, wia i auslua",
sed s'Mädla zu ihrem Bua.

„Des geab i scha zua",
entgegnet dr Bua voller Lischd,
aber i hau gar id gwissd,
dass du so alt scha bisch!"

Vom Barfußlaufen[33]

„Tut dir nichts weh, wenn du barfuß laufst!
Kein Stein und auch kein Kies!"
Der Befragte antwortet drauf:
„Noi, dia dond id weh, aber meina Fias!"

Von Lastern und Sünden

„Viel Laster hand dia groaßa Sender
[Sünder],
aber au mir hands id mender,
wisse ihr ois, lieba Kindr",
d'r Pfarr fraugt bei dr Christalehr.
„A Laster muass mei Dottla sei",
antwortet der Maxl glei.
„Wenn dia eis bsuacht, sed dr Vaddr allwei:
Izd kommt des Laster scho mea drher!"

---

[33] Erstmals veröffentlicht in: Lothar Bidmon (Hg.): Butzagägaler – Mundartlyrik in Bayerisch-Schwaben, Regensburg 2023, S. 307

Vom Essen

Dr Staatsanwalt haut gheirat au
und kocht glei für sei nuia Frau.
Nachm Essa waded r zeasch,
aber weil r vom Weib nix head,
fraugd er sa: „Hauts dr gschmeckt?"
Drauf antwortet sie, ebbes keck:
„Em Gfängnis ka s id mendr sei!
Drom sperr mi a paar Wucha ei!"

Strafannahme

„Nehmt ihr die Strafe an?!"
der Richter fragt den Angeklagten,
einen gutmütig, fröhlichen Mann.
Dieser meint mit Unbehagen,
nachdem er überlegt hat, dann:
„Herr Richter, i kau ui doch nix
abschlagen!"

Von Weibern

Zwei Weibr .- sie dond si id grad mega-
treffed sich – jeda mid ra Kendrschesa!
Di oi luagd in d'andr Schesa nei.
Dia andr machts drauf au soglei.

Dia oi sed zur andra ond luagd dear ihr
Kendla a:
„Des Butzala haut dia wiaschd Nes von dei
Ma,
aber mei, drfür es ja nix ka!"

Drauf sed dia andr zur oina ond luagd dr
andra ihr Kendla a:
„Dia Nes vo meim Ken, dia isch mr scha
recht,
Libr d'Nes vom eigena Ma, als s'ganz Kend
vom Wiad seim Knecht!"

Vom Fleischessen[34]

Gammelfleisch und Fleisch vom Pferd,
man kann es nicht vereitla.
Darum lebe ich recht unbeschwert,
s'Fiedla weads scha beitla.

---

[34] Das Gedichtlein nimmt Bezug auf Skandale so in den
2010er Jahren.

Vom Anschreiben

Dr Kramer meint zu einer hochnäsigen
Horonatiorengattin verlegen:
„Meine Gnädigste, darf ich hoffen?
Da wären noch etliche Rechnungen offen!"
Die gnädigste, hochnäsige
Honorationergattin hält dem Kramer
entgegen:
„Mei, zahla ka i no id glei
aber hoffa könned Dir allwei!"

Vom Abnehmen

„Diät soll i halda!",
sed s'Weib zo ihrm Alda,
als sa vom Doktr kommt hoi.
„Was haud r dau wohl gmoit?"

„Dass s'Maul sollsch halda,
des wead gmoid gwesa sei!"
sed dr Ma zu dr Alda,
„sonsch fält mir bei dir drzua nix ei!"

Ein verständiger Richter

Richter: „Warum handr jazd dir di Bank em
Rausch zema gschlaga?"
Angeklagter: „Eur Ehren, des isch leicht
zom saga:
Auf der Bank hau i s'easchdmaul droffa mei
Weib!"
Darauf sefzt dr Richter: „O mei, oh mei,
des ka i guad vrstau,
dau dua i ui a Strauf erlau!"

Reden im Schlaf

Sed s'Weib zom Ma
ond luagd dean entsprechend a:
„Weaga deim Reda em Schlauf,
wach i all Nachd auf."
Er: „I däd ja au liabr en ruiga Schlauf
vrdraga
aber ondr Tags, hau i dau henna ja nix zom
saga."

Vom Essen

„So" – sed dr Baur en dr Wiatschaft- „heit"
iß i aumaul dauhenn was gscheids!"
„A" – moint dr Wiad – „dauhoi s doch au
was Guatzs geit!"
Dr Baur drauf zom Wiat: „Dau deischd du
di!
Entweder ‚s geit dauhoi was Guads, dann
isst sie's,
oder es isch boinix, dann kieags i!"

Der Blitz schlägt ein wo er will

A Blitz schled en en Hof, dass s'kracht.
Glei brennt em Nauchbaur sei ganza Sach.
Der Nachbar wird gefragt
„Wieso haut's iazd bei dir brennt?
Mir hand doch ghet en andra Wend?"
Dieser sich darauf beklagt:
„Ha, was soll i dau saga nau?
Ida maul auf Wend kam ma sie heit verlau!"

Spaziergang

A Vaddr mit seim Bua
gaut auf m Feld spaziera!
Plötzlich schreit der: „Vaddr lua,
dau duad sich ebbes riahra.
Hundert Meis send grad nei en des Loch!"
Dr Vaddr beruhigt: „Koina 50 wareds!"
Dr Bua: „Doch, doch,
also 20 wareds gwiß, des kam ma scha sa!"
Dr Vaddr entgegnet: „Was redsch denn?
Awa!
Koina fünf Meis, s wared koina drei!"
Dr Bua überlegt: „Aber oina isch gwiß ens
Loch dau nei."

Landbesuch

S'Weib kommd vom Land en d'Stadt me
hoi.
Dr Ma sed zu ihr: „Du, i glaub, i moi,
iazd wered dir bei eis abgau d'Oxa, d'Säu, s
ganz Vieh!
S'Weib drauf: „Des isch id schlemm, iazd
hau i ja mea di."

Ein richtiger Schullehrer

„Iazd hamr amaul n rechda Schullehrer –
Respekt! –
so oin hau i sch allweil gmecht!"
sed dr Bua zom Vaddr dauhoim.
Ond wenn d mi fraugschd, sed dr Bua, wia i
des moin:
„Der haut am Sonndeg beim Wiad so gsoffa
und ghaured obedrei,
dass bis Aftermedet[35] d'Schul war frei!""

Kindertraum

Was man erträumt in seiner Jugendzeit,
im Alter isch es dann soweit!

„Als Kend hau i n groasa Drache, ja n
Dinosaurir wolla hau,
später hand mi meine Eltra drfür halt
heirada lau!"

---

[35] Aftermontag ist der Dienstag.

von Knöpfen

S'Weib zum Ma:
„Lua, ia Knöpf an deana Rosa!"
Dr Ma zum Weib:
„Du näh na liebr Knöpf an meine Hosa"!

Belehrung

Sed dr Pfarrer zom Baura, deam grad s'Weib
gstorba isch:
„Ich weiß, mein Bruder, dass du jetzt traurig
bisch!"
„Es tröste dich der Gedanke" – red der
Pfarrer weiter-,
„dass sie wohl schon bei Gott im Hemml
lisch!"

Drauf der Bauer zum Pfarrer, an wenig
heiter:
„Hochwürden, i will ja id liaga,
aber, deam wünsch i mit meim Weib viel
Freid und Vergnüaga!"

Vom Wetter

„Wia wead denn heit wohl as Wetter?"
fraugt oinr sein vrsoffana Vetter.
„I war no id dussa, aber ois i scha weiß,
heit weads im Schadda mindestens fünf
Muaß heiß!"

Von einer Hochzeit

Herrschaft, isch des a Hochzeit gwea,
so ebbes hau i selda gsea!
Scha Middags hand sa g'haured d'Leit;
da Badr haut's weis Gott wia gfreit,
dass es so ebbes doch no geit,
dass r so viel Arbet haut no heit."

Nach der Hochzeit

Gaut des iezt nei en dein Grend?
Wenn mir en ra Wucha vrheired send,
dann herrschd dau henn a anderer Wend!"

„O jegges", jaumred dr Hochzeiter laut
ond luaged verzweifled a sei Braut.
„En letchda Wunsch hau i no, fei:
Laß mi no dia oi Wucha glücklich sei!"

Vom Papagei

Frage des Sohnes an den Vater:
„Wenn's en Papagei geit, dann muas doch
au n Mamagei geah!"
Antwort des Vaters an den Sohn:
„Noi, d'Weibr schwätzed selbt – blos id so
schea!"

Vom Mittagessen

Gräti fraugt dr Ma sein Weib,
was zum Mittagessa geit!
„Was solls scha gea? Wia jeden Tag,
halt mea n Kartoffelsalat!"
regd sich s'Weib auf.
Dann er drauf:
„Wenn d dean richtig macha kenndsch, wär
des ja a Spaß,
aber vorgestern war r futzdrucka ond
gestern saichnaß."

Bodabira

„Wenn meiner so schea wia heikl wär,
wär er auf dr Welt dr scheaste Ma.
Aber was schwätz i, wissed dr,
beim Essa deam ma nix rechd macha ka.
Über dean dua i mi gar nemma echoffiera,
der mag id amaul eisra Bodabira."

„Ich hab dich zum Fressen gern"

Dr Ma schempfd s'Weib ond bläret ond
schreit:
„A Haur isch en dr Subba denna,
dia Subba, noi, dia ess i nemma,
dia kasch selbr essa heit!"
„Ja hausch", sed s'Weib,
„du ganz vergessa?
Friahr wolldsch d mi mid samt meina Haur
glei fressa!"

Wettervorhersaage

„Reagneds mora?", fraugd s'Weib da Ma!
„Des weiß i id, des kommd auf's Weddr a!"

Besuch der Tante

S'Dodla isch auf Bsuach
ond hoffd, s'geid was guads.
Es gaut scha auf Middags zua,
dau frauged sa da kleina Bua:
„Wenn gaud ma bei ui zom Mittagstisch?"
„Om zwölfa, wenn koi Bsuach dau isch,
sonsch waded d'Muadr en dr Kucha hussa,
bis der Bsuach isch endlich aus Haus mea
dussa."

Von Bräuten

Dr andr sed zom oina:
„D'Liab isch mir a Pech,
mega duad i koina, koina isch mir recht:
Dia easch Braut, die isch gsorba,
für mi war des a Gnad.
Dia zweit Braut isch vrdorba,
om dia war's id arg schad.
Bei dr dritta hau i greered, weil sa vrdlaufa
isch.
Dia vierd, dia haut mi gheired,
its ha i halt mein Mischd!"

Vom Geld nausschmeißen

„Was schmierschd denn als ens Gsicht nei?
make up ond no so Allerlei.
Wia kam a blos so s'Geld nausschmeißa,
für Parfüm ond für so n Spray?"
So seufzt der Ehemann auf,
gespannt auf ihre Meinung drauf:
„Was vrstausch denn Du scha?" moit sei
Alta
solled d'Leit vor mir liabr d'Nes zuhalda?"

Ermahnung

Einer ist wegen Einbruch angeklagt.
Der Richter zum Vater des Einbrechers sagt:
„Von ihrem Sohn hätten sie doch immer das
Beste wollen
und ihn deshalb mehr ermahnen sollen."
„Des hau i doch doa!" dr Vaddr drauf sed,
all hau'n ermahnt, - was hau i gred!
Bei jeder Ermahnung hau i gsed drzua:
Laß di id drwich, mei liabr Bua!"

Zeugnis

„Wenn ein gutes Zeugnis bringst du mir,
100 Euro gebe ich dir dafür",
sed dr Vaddr zom Bua.
Der antwortet drauf in aller Ruah,
no bevor dr Vaddr haud d'Zeugnisnota
erfahra:
„Du Vaddr, i moi, i hilf dir Spara!"

Zum Bahnhof

„Mein guter Mann, sagen sie mir,
wie komm ich am schnellsten zum Bahnhof
von hier?"
„Wenn'd weidla laufschd
ond id viel fraugschd!"

Weihnachtsgedichte

Advent[36]

Advent – des isch a stilla Zeit:
des isch's, wenn's reagnet odr schneit,
wenn's vo da Schaufenster rausschreit:
Kommed rei ond kaufed Leit!

M Advent kommt ma zom ibrlega:
ob man auf'n Wendr odr Sommr da Urlaub
duad lega,
ob man an Weihnächda a Gaus odr en Fisch
duad mega,
was ma m näxda Lohnsteierausgleich duad
id ageaba!

M Advent dau guats ganz hoila zu:
em Haus isch no allrhand zom dua,
vo laudr Weihnachtsfeira hausch koi Rua,
vom viela raisa hausch au bald gnuza.

Dr Advent wär scha a stilla, ruhiga,
besinnliche Zeit,
wenn's blos koi schreia, koi renna, koi hetza
id geit.

---

[36] auch abgedruckt in der Mindelheimer Zeitung am 14.12.1983

Weihnachten

Weihnächda isch a Datum em Kalender,
Weihnächda isch a Fraid für kloina Kendr,
Weichnächda isch a haufa Schnea midra
Kutscha drauf,
Weihnächda isch's, wenns schneiba heat
nemma auf,
Weichnächda sind x Weihnachtsfeira,
Weinnächda duad's Heizöl mea vrdeira,
Weihnächda isch a dreizehndr Monatsgehalt
Weihnächda send a paartausend Fichda aus
m Wald,
Weihnächda ischd a guads Gschäfd mid da
Kendr,
Weihnächda isch a groaßr haufa Gschenkr,
Weihnächda sind fünf Pfund Übergwichd,
Weihnächda isch a roadaglaufas Gsicht,
Weihnächda isch s, wenn d'Laibla nemma
riacha kaasch,
Weihnächda isch s wenn d koin Punsch mea
maasch.

Weihnächda isch a groaßa Nachd ond a
klois Kend,
des sich Erlöser, Heiland nennt.

Vorweihnachtszeit[37]

Iazd reichts mr aber, desch a Geschäft,
wenn isch denn blos den Weihnachtsfeschd?
S'Weihnachtsgeld isch scha längschd
vrbraucht.
All sottsch schempfa, weil dr Ma zviel
raucht.
Dr Schianzug paßt au nemma mea,
ond ibrhaut, s'haut scha mea koin Schnea!
Hind und voana weasch id krea,
dr Rheumatismus duad grad mea wea.
Dia Kloina wolled zom Kasperla gau,
da Groaßa sottsch zom Schifahra lau.
S'Rorate haut heit mea viel z'lang daured.
Dr Bua hat wiedr midm Mädla ghaured.
Beim Eikaufa muasch da faschd vrrenna.
En dr Kucha dont grad Bläzza abrenna,
Dr Bua will vom Christkend a Mofa hau.
M Mädla däd a nuir Mandl guad stau.
Dr Vaddr breichd a Angoraunterwäsch
ond d'Muaddr a nuia Eikaufsdäsch.
Nix erspart bleibt oim auf Weihnächda zua.
Nirgends fendsch blos a Hand voll Rua.
S oizig guade isch – wissed was ihr Leit?
dass s'Schulzeignis wenigsdens erst em
Sommr geit.

---

[37] abgedruckt am 1.12.1983 in der Mindelheimr Zeitung

Krippenszenen – schwäbische Weihnachtsgedichte[38]

[38] Alois Epple: Krippenszenen – Schwäbische Weihnachtsgedichte, Türkheim 1978 (Selbstverlag)

Lieber Herr Epple, Ihre Krippenszenen, die mir gefallen, werden von Franz R. Miller gelesen. Vorschlag: Schwabenspiegel. Ein Gedicht ist wahrscheinlich in Bairisch-Herz am 10.12.[1978] – Ihr Besuch in B Wörishofen hat mich gefreut. Ihr R.[obert] Naegele

6.12.78: Lieber Herr Epple, schönen Dank für die gedruckten Krippenszenen, - die ich ag. am Sonntag 17,15 Uhr sind die „Hirten auf dem Feld" im Programm. Miller Franz R. rief ich am Sonntag an, er kann Ihre Szenen nicht in den Schwabenspiegel nehmen. Es war schon eine Sendung mit der Kutter-Stufenmusik geplant. Rufen Sie ihn gelegentlich selber an: Tel. 0821/571970. Berufen Sie sich auf mich. Nicht nachlassen. Auch Hans Breinlinger sollten Sie die Szenen schicken. (Ich arbeite beim Schwabenspiegel so gut wie gar nicht.) Toi toi toi für Sie Ihr R. Naegele

Dillingen, 7.12.1978 Sehr geehrter Herr Epple! Sie haben mich in diesem Jahre mit Ihren Krippenszenen zum zweiten Male mit Mundartgedichten überrascht und erfreut. Dafür möchte ich Ihnen herzlichen Dank sagen. ....Adolf Layer

München, am 8.12.78
Lieber Alois, in Deinen vier Wänden müssen die Musen sich ja scharenweise herumtreiben! Vielen Dank für das Resultat der letzten Küsse. Ich freu' mich sehr und das Anführungszeichen, mit dem Du das Vergnügen' versiehst, das Du möglichst vielen Leuten weitergeben möchteste, ist schamlose Untertreibung. Es wäre schön, wenn Du Dich melden könntest, wenn Dein Weg Dich mal wieder nach München führt. Bis dahin wünsche ich Dir ein fidöles Weihnachtsfest, ein angenehmes Neues Jahr und alles Gute. Peter Bradatsch PS. Vergiß die Liebe nicht! NB. Wie heißt die Obermuse?

Am 22. Dezember 1978 zahlte der BR für die Senderechte der „Krippenszenen" an den Autor 150.- DM

Die Krippenszenen trug Alois Epple im Advent 1981 in einer „geistlichen Stunde" im Pfarrsaal Christi Himmelfahrt in Kempten vor. Allgäuer Zeitung vom 31.12.1981: *Zwischen den Musikstücken las Dr. Alois Epple seine „Krippenszenen", Weihnachtsgedicht in schwäbischer Mundart. In knappen, dichten Versen wurde ein Bogen von der „Herbergsuche" bis zur „Flucht nach „Ägypten" gespannt. Der Dialekt wird bei diesen Gedichten nicht um seiner selbst willen eingesetzt. Mit dem Dialekt wird nicht gemalt, sondern Aussagen gestaltet. So gelingt es in diesen Gedichten, konzentriert Gedanken auszudrücken.* An anderer Stelle in der Allgäuer Zeitung: *... Der Vorstand des Hauses, Stadtpfarrer Max Knorr, begrüßte dazu auch Oberbürgermeister Dr. Höß. Nach einführenden Worten las*

herbergsuche

dia ganz stad tisch duranandr,
herkomma donds von nah und weit,
d'wiad send außr rand ond bandr,
desch a gschäft – s'rendierd sa heid.
vom Sohler bis en kellr na,
als isch belegt, des geit was aa.

dau kommd a ma ond a weibsbild drher
ond wöded a zimmer – hausch so was scha
gsea?
„d'zimmr wäred scha lang belegt,auf da
gäng schlaufed dia leid, dia no a geld hand
ghed,
en da schupfa hat ma alle möbl doa,
ond en dr stuba saufd ma, des hat en doa.

dau isch koi platz mea für dean ma ond des
weib"!

ob's so ebbas wohl heit au no geit,
dass ma koin platz haut für dia heilige
familie?

Dr. Alois Epple von ihm mundartlich gefaßte Krippenszenen.
Das Saitenspiel Vogt begleitete die besinnlichen Texte.

Kirchenanzeiger von Christi Himmelfahrt in Kempten:
So. 27.12.[1981] 11.15 Taufe d. Kindes Ulrich Epple;
17[Uhr] Krippenszenen v. Dr. Alois Epple, zusammen m.d.
Saitenspielgruppe Vogt.

mei freind haud si nui eigricht: - mid'ra nuia
Bücherwand
ond a farbfernsehr haud neigmiasd, ond a
aldr baurascharnk,
doch für a kreiz haudr koin wenkl mea
freighet.

Herbergsuche

dia ganz stadt isch
durananandr,
herkomma donds von nah ond weit,
d'wiad send außr rand ond bandr,
desch a gschäfd - s'rendierd se heid.
vom sohier bis en kellr na,
als isch belegt, des gelt
was aa.

dau kommd a ma ond a weibsbild drher
ond wöded a zimmer - hausch so was
scha gsea?

„d'zimmr wäred scha lang belegt,
auf da gäng schlaufed dia leid, dia no a
geld hand ghed.
en da schupfa haut ma alle möbl doa,

ond en dr stuba saufd ma, des haut en
doa.

dau isch koi platz mea für dean ma ond
des weib"!

ob's so ebbas wohl heid au no gelt,
daß man koin platz haut für dia heilige
familie?

mei freind haud sie nui eigricht: - mid'ra
nuia bücherwand,
ond a farbfernsehr haud nei-
gmiasd, ond a aldr baurascharnk,
doch für a kreiz haudr koin wenkl mea
freighet!

Dieses Gedicht und die Zeichnung sind
dem Büchlein „Krippenszenen" von Alois
Epple aus Türkheim entnommen.

aus der Mindelheimer Zeitung vom 8. Dezember
1983

die hirten auf dem feld[39]

stüll isch, ruig isch, a wenig isch vrschneid,
hendr da öfa dau hocked griabig d'leid
beim hoigada beianand
ond schwätzed a bissla midanand.

id viel, id laud, ma ka's schneibela hera,
ofd said ma nix, als wod ma d'rua id störa.

en dr rua denn isch auf oimaul, als däd a
klois kendla schreia,
als däd dr hrrgott dr menschheit a groa´ßa
gab erleiha.

ma bleibd hocka, losed ond suachd nacha
des kend,
ma losed weidr, losd weidr, bis als daß ma's
fend.

ob mir heit au no dia rua hand, den schroi
zom hera?
däd eis so a rua heidi d furchdbar stera?

---

[39] Veröffentlicht auchin der Mindelheimer Zeitung vom 22. Dezember 1983. Robert Naegele schrieb am 12.6.1979: *Lieber Herr Epple, [...] Am Samstag lese ich Ihre D'Hita auf'm Feld. beim Schwäbischen Adventsingen Kongreßhalle Augsburg, 15.00 und 20.00 Uhr. Sie wissen, daß ich Ihre Sachen mag. [...] Gutes schönes für Sie und Ihre Familie Ihr Robert Naegele*

ond wenn mir's häded, däd mr id vrlega
wera,
wenn a klois kend schreit?

weihnachten

leise isch's, leise ond stüll,
s'isch grad, als ob ebbr wüll,
dass dia ganz welt heat zua,
dass s'middleschd en dr nachd
isch dia ganz welt erwachd.

anbetung der hirten[40]

dau kommad se gspronga, dau kommed sa
glaufa,
dr jockl, dr hias ond no a ganzr haufa.
jedr wüll zeaschd des kendla sea,
vo dem dr engl gsaid, des isch eisr herr.

zeaschd kniagled se andechdig na, ond dann
gaud glei dia bscherung a:

dr jockl duad da jankr ra,
ond probierd ean glei deam kendla a.

d'zenz haud a wenig a milch drbei
ond gibd deam kend a fläschla glei.

dr hias kommd mid'm schnupftabak drhea
ond wüll a bris dem kendla gea.

dia bescherung isch heid wohl au no dau,
blos s'nakniegla had ma heid liabr lau.

---

[40] Auch abgedruckt in der Mindelheimer Zeitung vom
19. Dezember 1983

die heiligen drei könige

dausad hand da stera gsea ond hand sie nix
drbei denkd,
drei hand dribr ibrlegd ond dia haud dr
stera glenkd.

was wär, wenn eis däd heit a stera aufgau?
däded mir alls stau ond flacka lauom dann
waidla dem stera nauchgau?

vielleichd send mir heit gscheidr als d'hiada
ond heared koina engl mea senga!
abr send mir vielleichd id au demmr wia
d'kenig
ond däded so en stera gar id eraschd gnua
nemma?

die flucht nach ägypten[41]

ibr nachd
hand alls packd
ond send drvo,
einfach a so
en a fremds land,
wo sa sicherheit hand.

wo ked i denn des wohl gleasa hau?
duad des denn id n dr gestriga zeitung stau?

---

[41] Auch abgedruckt in der Mindelheimer Zeitung vom
19. Dezember 1983.